Bibliografische Information der Deutschen Nationalbibliothek:

Die Deutsche Bibliothek verzeichnet diese Publikation in der Deutschen National-
bibliografie; detaillierte bibliografische Daten sind im Internet über http://dnb.d-
nb.de/ abrufbar.

Impressum:

Copyright © 2017 GRIN Verlag
Druck und Bindung: Books on Demand GmbH, Norderstedt Germany
ISBN: 9783346055538

Christin Burchardt

Soziale Arbeit im Öffentlichen Raum und die Exklusion von Obdachlosen

GRIN Verlag

GRIN - Your knowledge has value

Der GRIN Verlag publiziert seit 1998 wissenschaftliche Arbeiten von Studenten, Hochschullehrern und anderen Akademikern als eBook und gedrucktes Buch. Die Verlagswebsite www.grin.com ist die ideale Plattform zur Veröffentlichung von Hausarbeiten, Abschlussarbeiten, wissenschaftlichen Aufsätzen, Dissertationen und Fachbüchern.

Besuchen Sie uns im Internet:

http://www.grin.com/

http://www.facebook.com/grincom

http://www.twitter.com/grin_com

Soziale Arbeit im öffentlichen Raum und die Exklusion von Obdachlosen

von

Christin Burchardt

Inhalt

Einleitung

Der öffentliche Raum gewinnt in der Öffentlichkeit, aber auch in der Fachwelt zunehmend an Aufmerksamkeit. Themen, wie die Nutzung, die Gestaltung und die Bedeutung dessen, geraten vermehrt in Diskussion. Die Soziale Arbeit ist stark im öffentlichen Raum tätig, sei es in der Gemeinwesenarbeit, Stadtteilarbeit oder auch Einzelfallhilfe in Form von Streetwork. Sozialarbeiter/innen arbeiten im öffentlichen Raum mit unterschiedlichem Klientel, wie zum Beispiel mit Jugendlichen, Alkoholikern oder Obdachlosen. Obdachlose Personen sind besonders stark im öffentlichen Raum vertreten. Daher befasst sich diese Arbeit mit dem öffentlichen Raum und der Sozialen Arbeit in diesem, mit dem besonderem Bezug auf Obdachlose und deren Exklusion.

Zunächst erfolgt eine allgemeine Beschreibung des öffentlichen Raumes. Anschließend geht es um die Arbeit von Sozialarbeitern/innen an öffentlichen Orten. Als drittes werden Zahlen im Hinblick auf Obdachlosigkeit genannt, sowie die Abgrenzung des Begriffes der „Obdachlosigkeit" zur „Wohnungslosigkeit". Im Folgenden wird der Begriff „Exklusion" definiert und daraufhin auf die Exklusion von Obdachlosen im öffentlichen Raum näher eingegangen. Abschließend wird ein Hilfsangebot des ASB Neubrandenburg vorgestellt, als ein Beispiel für die Soziale Arbeit mit obdachlosen Personen.

1 Öffentlicher Raum

1.1 Allgemeines zum öffentlichen Raum

Der öffentliche Raum unterteilt sich in zwei Bereiche. Es gibt einerseits *bedingt öffentliche Räume*, deren Nutzung nicht ohne Bedingungen zugänglich ist. Zweck und Gebrauch sind gesellschaftlich definiert, d.h. die Nutzung ist sachlich eingeschränkt. Es gelten bestimmte Verhaltensregeln, ebenso ein Hausrecht und die Zugänglichkeit ist zeitlich begrenzt.[1] Beispiele in Neubrandenburg sind u.a. das Jahnstadion, das Dietrich-Bonhoeffer-Klinikum und die Hochschule. Andererseits existieren auch *öffentlich nutzbare Räume in privater Hand*. Diese sind Räume in privater Verfügung, welche vom Zweck her an die Öffentlichkeit gerichtet sind. Von Grunde her sind sie für alle zugänglich, aber der Zugang kann durch eine Hausordnung verwehrt werden.[2] Der Neubrandenburger Bahnhof und das Marktplatzcenter in Neubrandenburg sind Beispiele hierfür.

Öffentlich nutzbare Räume sind sehr vielschichtig und ihre Bewertung ist stets von der jeweiligen Perspektive abhängig. Für die Nutzer/innen hat der eigentumsrechtliche Status keine Bedeutung. Hauptsache ist, dass dieser für die individuellen Bedürfnisse brauchbar ist.[3] Rauterberg

---

[1] vgl. Breuer, 2003. S. 5 f.
[2] ebd. S. 6
[3] ebd. S. 7

spricht hierbei von „gefühlter Öffentlichkeit"[4]. Damit ist gemeint, dass die Raumqualität eng mit den Gewohnheiten und Empfindungen der Raumakteure zusammenhängt.

Die Funktionen des öffentlichen Raumes sind sehr vielseitig. Städtebaulich dient dieser der Gliederung des Raumgefüges und zur Prägung des Stadtbildes, sowie der Repräsentation. Sie erfüllen ihren Zweck für Verkehr, Wirtschaft und Erholung. Für die Nutzer/innen sind öffentliche Räume auch Orte der Orientierung und Identifikation. Der öffentliche Raum ist sehr wichtig, da dieser von den Nutzer/innen als Aufenthalts- und Begegnungsort genutzt wird, dort aber auch viel an Kommunikation stattfindet. So erfüllt der öffentliche Raum gesellschaftliche Austausch- und Integrationsfunktionen.

Die Wirtschaft, die Nutzung, sowie die Gestaltung des öffentlichen Raums sind sehr dynamische und fortwährende Prozesse. Daher unterliegt der öffentliche Raum verschiedenen Arten des Wandels, der abhängig ist von den gesellschaftlichen Trends. Je nachdem, was in der Gesellschaft mehr an Bedeutung gewinnt, verändert sich der öffentliche Raum und entwickelt neue Vielfalt. Den Wandel, aufgrund des tendenziellen Rückgangs von persönlichen Kontakten, bezeichnet man als technischen Wandel. Durch diesen wächst das Bedürfnis nach realen Begegnungen. Durch den Wandel in der Arbeitswelt entsteht wegen des steigenden Leistungsdrucks der Wunsch nach Entspannungs- und Ausgleichmöglichkeiten am Arbeitsplatz und in der näheren Umgebung. Auch gibt es einen Wandel im Freizeitverhalten. Es herrscht eine Mischung aus Erholungsbedürfnis und Erlebnisdrang. Deswegen nimmt die Anzahl an Freizeitangeboten zu. Zuletzt wird das Stadtbild von sozial- und altersstrukturelle Veränderungen geprägt. Dies zeigt den demografischen Wandel an.[5]

Durch die Vielschichtigkeit des öffentlichen Raums ergeben sich verschiedene Problemlagen. Zum einen gibt es den vereinfachten Dualismus im Bereich der öffentlichen und privaten Raumverfügungen. Dieses meint, dass zahlreiche geschützte Räume nur eingeschränkt nutzbar und zugänglich sind, obwohl sie sich als öffentliche Einrichtungen einordnen lassen. Beispiele dafür sind Kindergärten, Schulen und Krankenhäuser. Dennoch gibt es einige Anlagen die außerhalb dieser Zeiten geöffnet werden, wie zum Beispiel Schulhöfe. Zum anderen gibt es Räume in privater Verfügung, die sich zweckmäßig an die Öffentlichkeit richten, wie Einkaufs-, Freizeit- oder Ferienzentren. Dies kann zu sozialer Ausgrenzung führen. Ein nächstes Problemfeld ist die Überlagerung der öffentlichen und privaten Raumnutzung. In Stadträumen treffen öffentliche und private Interessen oder Handlungen aufeinander und können sich wiedersprechen oder konkurrieren. Überlagern sich die öffentlichen und privaten Raumnutzungen entwickeln sich Ziel-

---

[4] zit. n. Breuer, 2003, S. 7
[5] vgl. Breuer 2003 , S. 7 ff.

konflikte. Ein weiteres Problemfeld ist die Spezialisierung der öffentlichen Räume. Das Spektrum an Nutzungen des öffentlichen Raums wird immer größer. Dadurch entstehen spezifische Nutzungsansprüche, auf die mit spezialisierten Nutzungszuweisungen und Ausstattungen, wie Musikkonzerte, Trödelmärkte, Sportveranstaltungen oder Wochenmärkte, reagiert wird. Als letztes herrscht eine Parallelität verschiedener Probleme und Phänomene. Es gibt eine Mehrfach- und Übernutzung, eine Spezialisierung und Unternutzung, eine aufwendige Raumgestaltung und Vernachlässigung, Ruhe und Leere heute und Hektik und Aktion morgen. Somit sind die Problemlagen des öffentlichen Raums genauso vielschichtig wie der öffentliche Raum selbst, aber sie sind auch flüchtiger.[6]

1.2 Soziale Arbeit im öffentlichen Raum

In der Sozialen Arbeit haben öffentliche Räume vielerlei Bedeutung. Allgemein betrachtet sind sie als Orte zu verstehen, die für jeden zugänglich sind und die allen gleichermaßen zur Mitgestaltung offen stehen. Sie bilden für Sozialarbeiter/innen einen wichtigen Rahmen für die Entwicklung von Handlungsfähigkeit. Gleichzeitig herrschen im öffentlichen Raum aber auch Machtverhältnisse und Ungleichheitsordnungen. Damit wird dieser oft Schauplatz von mitunter konflikthaften Aushandlung von unterschiedlichen Interessen. Trotzdem stellen öffentliche Orte auch Rückzugsorte für Menschen dar, die in ihren sonstigen Handlungsoptionen, sowie -räumen stark eingeschränkt sind zum Beispiel bei Obdachlosigkeit.

Für Sozialarbeiter/innen ist der öffentliche Raum ein Ort der gemeinsamen Sinnproduktion und des Erfahrungsaustausches. Er dient als Übungsfeld für neue Lebensentwürfe und der Vermittlung von gegenseitiger Wertschätzung, sowie Zugehörigkeit. Eine wichtige Basis in der Arbeit mit den Klienten/innen ist Erweiterung von individuellen und gemeinschaftlichen Handlungsmöglichkeiten. Dadurch ist der öffentliche Raum auch ein Ort der Aushandlung von Bedürfnissen und Interessen. Der Soziale Raum wird in der Sozialen Arbeit als Ergebnis sozialer Praktiken verstanden. Durch menschliche Tätigkeiten entstehen Räume und Raumbilder, die wiederum das Handeln der Menschen beeinflussen. Die sozialräumliche Deutung des öffentlichen Raumes ist also nicht auf Besitzverhältnisse oder physische Eigenschaften beschränkt. So besitzen öffentliche Räume handlungsermöglichende beziehungsweise handlungsbeschränkende Eigenschaften für den Menschen. Öffentliche, halböffentliche oder teilöffentliche Räume haben Auswirkungen auf die Handlungsspielräume des Menschen.[7]

---

[6] vgl. Breuer 2003, S. 10 f.
[7] vgl. Krisch/Stoik/Benrazougui-Hofbauer/Kellner 2011, S. 61 f. (Internetquelle)

2 Obdachlosigkeit

2.1 Obdachlosigkeit in Zahlen

Man kann keine genauen Angaben über die Höhe der in Deutschland auf der Straße lebenden Menschen machen. Die hier genannten Zahlen beruhen auf einem Schätzmodell der Bundesarbeitsgemeinschaft Wohnungslosenhilfe e.V. (BAG W). Dieses Schätzmodell wurde auf der Basis von Beobachtungen am Wohnungs- und Arbeitsmarkt, der Zuwanderung, der Sozialhilfebedürftigkeit, regionaler Wohnungslosenstatistiken und Blitzumfragen erstellt. Dabei wurde ermittelt, dass 2014 rund 335.000 Menschen wohnungslos waren, wovon circa 39.000 Menschen obdachlos eingestuft wurden. Die Anzahl der obdachlosen Personen stieg in den vergangen Jahren. Zum Beispiel ergab die Schätzung aus dem Jahr 2012, dass etwa 26.000 Menschen obdachlos waren.

Es ist zu beachten, dass es sich hierbei lediglich um allgemeines Schätzmodell handelt und keine Berücksichtigung von sozioökonomischen Faktoren zur Qualität des Wohnungs- und Obdachlosigkeit, wie die Herkunft der Betroffenen oder dem Zeitpunkt seit wann sie obdachlos sind, stattfindet. Aus diesem Grunde ist die Sozialstruktur der in Deutschland lebenden wohnungs- beziehungsweise (bzw.) obdachlosen Personen kaum bekannt. Daher ist auch der praktische Nutzen dieses Schätzmodells, im Hinblick auf die Bewertung der Leistungsfähigkeit und der Bedarfsgerechtigkeit von Hilfesystemen, eher nicht gegeben. Des Weiteren ist davon auszugehen, dass die Dunkelziffer weit höher liegt, da dafür stehende Lebensumstände, wie das Nächtigen in Autos, in Gartenlauben oder im Wald, nicht in diesem Modell aufgezählt werden. Die Forderung nach der Einführung einer bundesweiten Wohnungsnotfallstatistik wird von der Bundesregierung regelmäßig abgelehnt. Zuletzt erfolgte dies am 28.07.2015. Als Grund wird einerseits genannt, dass in der 2004 erhobenen Machbarkeitsstudie festgestellt wurde, dass so eine Statistik wegen den verschiedenen prekären Lebenslagen problematisch und kaum realisierbar sei. Andererseits sind die Kommunen nach der Föderalismusreform für Wohnungs- und Obdachlosigkeit zuständig.[8]

2.2 Obdachlosigkeit in Abgrenzung zur Wohnungslosigkeit

Es existiert weder eine einheitliche Definition von Wohnungs- und Obdachlosigkeit noch eine bundesweite Statistik. Im Jahr 2010 stellte die BAG W allerdings einen Definitionsversuch unter der Verwendung des Dachbegriffs „Wohnungsnotfall" auf:[9]

---

[8] vgl. Schindlauer 2015, S. 3 f. (Internetquelle)
[9] ebd. S. 2

„Haushalte und Personen mit einem Wohnungsbedarf von hoher Dringlichkeit, die aufgrund besonderer Zugangsprobleme (finanzieller und/oder nicht-finanzieller Art) zum Wohnungsmarkt der besonderen institutionellen Unterstützung zur Erlangung und zum Erhalt von angemessenem Wohnraum bedürfen."[10]

Dies umfasst alle Teilgruppen, die in unterschiedlichem Maße von sozialer Ausgrenzung und Wohnungsnot betroffen sind. Zudem stützt sich die Definition auf die ETHOS-Typologie (Europäische Typologie für Obdachlosigkeit, Wohnungslosigkeit und prekäre Wohnversorgung) der FEANTSA (Europäischer Dachverband der Wohnungslosenhilfe).

Nach der ETHOS-Typologie sind Personen wohnungslos, die über keinen mietvertraglich abgesicherten Wohnraum verfügen, aber institutionell, zum Beispiel in Wohnungslosenheimen, oder nicht-institutionell, zum Beispiel bei Freunden, untergebracht sind. Obdachlose Personen haben hingegen keine menschenwürdige Unterkunft. Aufgrund der unterschiedlichen Schwierigkeiten der Lebenslagen muss man Personen, die ohne jegliche Unterkunft leben, begrifflich von Personen zu unterscheiden, die, wenn auch nur temporär, in einem umschlossenen Raum übernachten. So gibt es zentrale Entscheidungskriterien, nach denen die Prekarität der Lebenslage beurteilt werden kann. Zunächst wird überprüft, ob eine Person über eine Unterkunft verfügt. Wenn eine vorhanden ist, ist zu klären, ob ein Mietvertrag vorliegt, eine institutionelle oder nicht-institutionelle Unterbringung besteht, die Unterbringung vorübergehend in Behelfsunterkünften erfolgt oder eine erwerbsmäßige Behelfsunterkunft, wie zum Beispiel Pensionen, genutzt wird.

Liegt kein Mietvertrag vor und trifft eine der genannten Unterbringungsformen zu, ist eine Person von Wohnungslosigkeit betroffen. Sind Wohnungslose institutionell untergebracht, müssen sie sich an die Öffnungszeiten der Einrichtungen halten. Außerhalb dieser Zeiten sind sie auf den öffentlichen Raum angewiesen. Man kann sie also als „temporär obdachlos" betrachten. Des Weiteren lässt sich festhalten, dass obdachlose Personen immer auch wohnungslos sind, wohnungslose Personen müssen hingegen nicht zwingend obdachlos sein. [11] Im Folgenden wird sich auf obdachlose und temporär obdachlose Personen bezogen und an deren Beispiel näher auf die Exklusion im öffentlichen Raum eingegangen.

3. Exklusion

3.1 Definition

Es gibt viele verschiedene Definitionen für den Begriff „Exklusion". Bei der Begriffsbestimmung kommt es auf die Perspektive an, aus welcher er betrachtet wird. Das Wort Exklusion

---

[10] BAG W, zit. n. Schindlauer 2015, S. 2 (Internetquelle)
[11] Schindlauer 2015, S. 2 f. (Internetquelle)

stammt aus dem Lateinischen und bedeutet Ausschließung bzw. Ausgrenzung.[12] Eine Definition der Europäischen Kommission von 2004 präzisiert; wie dieser Ausschluss zu verstehen ist: Exklusion ist ein:

„Prozess, durch den bestimmte Personen an den Rand der Gesellschaft gedrängt und durch ihre Armut bzw. wegen unzureichender Grundfertigkeiten oder fehlender Angebote für lebenslanges Lernen oder aber infolge von Diskriminierung an der vollwertigen Teilhabe gehindert werden"[13]

Nach Müller[14] befasst sich die Sozialforschung mit den Gründen, also mit den Fragen nach dem „Wie" und „Warum". Hier wird Soziale Exklusion als Versuch verstanden, die verschiedenen und vielfältigen Trennlinien in der Stadt und der Gesellschaft zu beschreiben und damit Ungleichheit deskriptiv und analytisch zu thematisieren. Dies ermöglicht der Forschung wichtige Aspekte, wie zum Bespiel Alter, Geschlecht, Nationalität, Schulbildung, Religion, Kultur und Lebensstil, zu berücksichtigen und mit diesen die Lebenslagen von Menschen zu beschreiben.

3.2 Exklusion von Obdachlosen

Die Exklusion im öffentlichen Raum äußert sich durch die Verdrängung von Menschen, denen man ihre prekäre Lebenslage ansieht. Solche Personen sind von Verdrängungsmaßnahmen beziehungsweise von Repressionsmaßnahmen betroffen. Das sind zum Beispiel Jugendliche, Alkoholiker, Drogenabhängige oder Obdachlose. Hierbei sind obdachlose Menschen die am häufigsten von solchen Maßnahmen betroffene Personengruppe, da sie am stärksten auf den öffentlichen Raum angewiesen sind.[15] Der öffentliche Raum, insbesondere belebte Plätze, wie die Innenstadt, übernimmt für sie die Funktion einer Wohnung. [16]

Um diese Funktion für obdachlose Personen näher erläutern zu können, muss zunächst geklärt werden, was eine Wohnung ist und welche Funktionen diese hat. Nach Paragraph elf Absatz fünf Satz eins des Melderechtsrahmengesetz (§11 Abs. 5 S.1 MRRG) ist eine Wohnung „jeder umschlossene Raum, der zum Wohnen oder Schlafen benutzt wird"[17]. Eine Wohnung ist ein Ort für Körperlichkeit und Intimität, Erholung und Unterhaltung, der Kindererziehung, der Individualität und Geselligkeit. Durch Hausarbeiten und Reparaturen, die man in ihr erledigt, ist die Wohnung auch ein Ort der vielfältigen Arbeit. Somit ist die Wohnung das Zentrum des privaten Lebens. [18]

---

[12] Duden (Internetquelle)
[13] zit. n. Franke 2015, S. 41 (Internetquelle)
[14] 2012, S. 423
[15] vgl. Schindlauer 2015, S. 1 (Internetquelle)
[16] vgl. KAGS/KAGW 2002, S. 13 (Internetquelle)
[17] zit. n. Schindlauer 2015, S. 2 (Internetquelle)
[18] vgl. KAGS/KAGW 2002, S.12 f. (Interntquelle)

Ohne Wohnung hat man keinen Schutzraum und auch kein Privatleben. Es lässt sich leicht vorstellen, dass der Zustand der Obdachlosigkeit schnell zu psychischen und physischen Erkrankungen führt. Psychische Erkrankungen erfolgen aufgrund dessen, da obdachlose Personen unter ständigen Stress stehen. Zum einen ist die Bewältigung des Alltags ein Kraftakt. So müssen zum Beispiel die Fragen nach dem Essen, Schlafplatz, Ort zum Duschen und Kleidung waschen jeden Tag neu organisiert werden. Zum anderen sind obdachlose Personen einer ständigen Beobachtung ausgesetzt. Dies erschwert die Pflege von Partnerschaften durch Intimität und Sexualität, was zur Vereinsamung führt. Physische Erkrankungen entstehen aufgrund von schlechten hygienischen Bedingungen. Obdachlose Personen leiden typischer Weise an Erkrankungen des Magen-Darm-Trakts, des Bewegung- und Stützapparates und der Atemwege.[19] Dennoch kann der öffentliche Raum durch seine Anonymität eine Art von Schutzraum bieten und die Funktionen einer Wohnung erfüllen. Der Alltag lässt an belebten Plätzen leichter bewältigen, zum Beispiel gibt es mehr öffentlich zugängliche Toiletten oder Schließfächer am Bahnhof, in denen obdachlose Personen ihren Besitz einschließen können. Besonders in Innenstädten richten Träger Einrichtungen zur Hilfe wie Notschlafstellen ein. Des Weiteren dient der öffentliche Raum als Wohnzimmer zum Aufhalten, zum Ausruhen vom Stress der Alltagsbewältigung und zum Treffen und Austauschen mit anderen. Er bietet durch den Verkauf von Straßenmagazinen oder durch betteln eine Möglichkeit zum Geld verdienen. Schutz vor der Witterung finden Obdachlose in überdachten Plätzen, wie Einkaufscentern oder in Bahnhöfen.[20] Der öffentliche Raum hat eine wichtige Bedeutung für obdachlose Personen. Es stellt sich also die Frage, weshalb obdachlose Personen aus ihrem Lebensraum vertrieben werden. Zunächst ist festzustellen, dass Obdachlose nicht aufgrund ihrer Obdachlosigkeit von Repressionsmaßnahmen betroffen sind. Es gibt vier Kriterien, die eine obdachlose Person erfüllt, wenn sie vertrieben wird. Als erstes sieht man ihr ihre prekäre Lebenslage durch äußerliche Erscheinungsmerkmale oder bestimmter Verhaltensweisen an, was Folgen des Lebens ohne Wohnung oder psychischer Erkrankungen sein können. Zweitens spielt es eine Rolle an welchem Ort sich eine obdachlose Person aufhält, von dem sie vertrieben wird. Zum Beispiel soll sich die Anwesenheit von Obdachlosen in Innenstädten negativ auf die Imagevermittlung und die Konsumbereitschaft auswirken. Drittens ist es wichtig, welchen rechtlichen Status der Raum hat, an dem sich die Person aufhält. Ist ein öffentlich nutzbarer Raum in privater Hand, duldet der Geschäftstreiber häufig keine Obdachlosen. Als Letztes Kriterium ist festzuhalten, dass einige obdachlose Personen mit Ordnungskräften oder Geschäftstreibern informelle Arrangements eingehen und aufgrund dessen

---

[19] vgl. KAGS/KAGW 2002, S. 13 (Internetquelle)
[20] ebd. S. 13 f.

nicht vertrieben werden. Hat man so ein Arrangement nicht, ist man gefährdeter, von Repressionsmaßnahmen betroffen zu sein.[21]

Des Weiteren gibt es mit den Entwicklungen der Innenstädte und der steigenden Intoleranz gegenüber Störungen und Unordnung, zwei weitere Ursachen für die Verdrängung von Obdachlosen. Zum einen hat der öffentliche Raum durch die Globalisierung einen Funktionswandel vollzogen. Das europäische Stadtmodell, mit der Stadt als sozialer, politischer und ökonomischer Einheit, verschiebt sich zum amerikanischen Stadtmodell, in dem die Funktion der Stadt auf die Wirtschaft ausgerichtet ist. Im weltweiten Wettbewerb entsteht zwischen den Städten ein Konkurrenzkampf zum Beispiel um die Ansiedlung von Konzernen oder Hauptquartiere der Finanzindustrie. Die weichen Standortfaktoren haben nun ausschlaggebende Bedeutung für die Ansiedelung von Firmen. Das Image einer Stadt, besonders die Faktoren Sicherheit und Ordnung oder Marktnähe, wird berücksichtigt. Zudem findet auch eine Ausrichtung der Wirtschaft der Innenstädte auf eine Dienstleistungsgesellschaft mit der Kultur- und Freizeitindustrie statt.[22] Der Hauptzweck des öffentlichen Raums besteht aus der Unterstützung des Konsums. Menschen, denen aus materiellen oder nicht-materiellen Gründen die Fähigkeit zur Teilhabe fehlt, werden ausgegrenzt. Zu solchen Menschen zählen Arme, ethnische Gruppen, Arbeitslose, Asylsuchende, Alkohol- und Drogenabhängige und Obdachlose. Sie verkörpern eine Gefahr gegen die Normalität.[23] Dies bedeutet eine Exklusion von ganzen Bevölkerungsteilen, was Auswirkungen auf die sozialräumliche Struktur hat. Es bilden sich deutliche Einkommensunterschiede zwischen den Wohnvierteln und auf Grund dieser „Spaltung der Stadt"[24] kommt es zu einer Polarisierung.

Auch löst der Anblick von obdachlosen Personen, und anderer vorher genannter Personengruppen, ein steigendes Unsicherheitsgefühl in der Bevölkerung aus. Es herrscht die Furcht, Opfer einer Straftat zu werden. Dies nennt man Kriminalitätsfurcht. Diese Angst ist allerdings unbegründet, da es für sie keinen empirischen Beweis gibt. [25]Sie entsteht durch eine Kombination aus Erzählungen Dritter und realitätsverzerrender Informationen aus den Medien und der Politik.[26] Die Kriminalitätsfurcht ist lediglich ein Platzhalter für allgemeine, unbestimmte, existenzielle Unsicherheiten und Ängste zum Beispiel hinsichtlich der wirtschaftlichen Lage, des Arbeitsplatzes, der Versorgung in Krankheit und im Alter oder des Statusverlustes. Somit werden die Unsicherheitsgefühle durch die Kriminalitätsfurcht auf die obdachlosen Personen projiziert und legitimieren damit Maßnahmen gegen diese. Jene dienen als Maßnahmen zur Bekämpfung

---

[21] vgl. Schindlauer 2015, S. 3 (Internetquelle)
[22] vgl. KAGS/KAGW 2002, S. 2 ff. (Internetquelle)
[23] ebd. S. 5
[24] ebd. S. 3
[25] ebd. S. 6
[26] vgl. Schindlauer 2015, S. 6 (Internetquelle)

gegen Kriminalität und zur Erhöhung des Sicherheitsgefühls. Es findet keine Beseitigung der eigentlichen Ursachen der Zukunfts- und Lebensängste statt.

Demnach dient als Grundlage für die Legitimation von Repressionsmaßnahmen die Annahme, dass es einen kausalen Zusammenhang zwischen dem verwahrlosten öffentlichen Raum und ansteigender Kriminalität gibt. Die broken-windows-Theorie steht hinter dieser Annahme und stammt von den New-Yorkern Wilson und Kelling. Sie gehen davon aus soziale Unordnung erzeuge in Form von bettelnden Menschen, und städtischen Zerfall, unter anderem sichtbar durch eingeschlagenen Fenstern oder Graffitis, Angst und Unsicherheitsgefühle beim Bürger und begünstige ein Umfeld für Straftaten. Man sollte auch keine Toleranz gegenüber kleineren Belästigungen und Vergehen, sowie ordnungsstörenden Verhaltensweisen, wie das Nächtigen im öffentlichen Raum, zeigen und dieses kriminalisieren. Diese Null-Toleranz-Strategie führt allerdings zu einer Exklusion und Kriminalisierung von potenziell störenden und Unordnung signalisierenden Personen, also auch von Obdachlosen.

In Deutschland fand diese Theorie durch die „Aktion Sicherheitsnetz" Anwendung, welche vom ehemaligen Bundesinnenminister Manuel Kanther initiiert wurde.[27] Heute ist es in jedem länderspezifischen Gesetz zum Schutz der öffentlichen Sicherheit und Ordnung (GSSO) verankert. Das GSSO soll dem Schutz des Gemeinwohls dienen und ein geordnetes Zusammenleben gewährleisten. Für die Sicherheit und Ordnung sind die Kommunen zuständig.[28] Seit der Abschaffung des Landstreicherparagraphen haben die Kommunen keine strafrechtliche Grundlage mehr. Aus diesem Grunde erlassen Kommunen zusätzlich zum GSSO noch Sondernutzungssatzungen und Gefahrenabwehrverordnungen (GAV). Diese kriminalisieren für obdachlose Personen typische Verhaltensweisen wie das Nächtigen oder Verrichten der Notdurft im öffentlichen Raum und das aggressive Betteln. Das stille oder passive Betteln ist in Deutschland erlaubt. Da allerdings Sondernutzungssatzungen und GAV generell gelten, ist es nicht nachweisbar, dass sie zur Kriminalisierung von Obdachlosen dienen.[29] Hält eine obdachlose Person sich im bedingt öffentlichen oder öffentlich nutzbaren Raum auf, gibt es des Weiteren für Geschäftstreibende die Möglichkeit ihr Hausrecht umzusetzen.

Für die Durchsetzung der Gesetze und des Hausrechts arbeiten Polizei, Mitarbeiter des Ordnungsamts und private Sicherheitsdienste eng zusammen. Sie erteilen Platzverweise und Bußgelder für Fehlverhalten.[30] Weitere Maßnahmen, die offiziell zur Kriminalprävention dienen, sind das Anbringen von Videoüberwachungssystemen, das Beleuchten von Straßen und Plätzen

---

[27] vgl. KAGS/KAGW 2002, S. 6 ff. (Internetquelle)
[28] vgl. Schindlauer 2015, S. 4 f. (internetquelle)
[29] ebd. S. 8 f.
[30] vgl. KAGS/KAGW 2002, S. 9 f. (Internetquelle)

oder das Trimmen von Buschwerk auf 1,50 Metern, um eine Sichtachse zu schaffen. Auch subtilere Maßnahmen finden Anwendung. Solche sind das Abbauen von Sitzgelegenheiten, die unbequeme Gestaltung von städtischem Mobiliar durch die Verwendung von extravaganten Materialien oder dem Anbringen von Bügeln an Bänken, um das Nächtigen auf diesem zu verhindern. Dies führt allerdings auch dazu, dass andere Bevölkerungsgruppen wie behinderte oder ältere Menschen sich auch davon betroffen sind und sich nicht ausruhen können. Andere subtile Maßnahmen sind das Spielen von klassischer Musik in Bahnhöfen oder das Befeuchten von beliebten Plätzen beziehungsweise das Anbringen von Reinigungsdüsen in Aufgängen.[31] Ein Beispiel für solche Verdrängungsmaßnahmen ist Kersten-Miles Brücke in Hamburg. Sie war ein beliebter Lagerplatz für obdachlose Personen. Das Grünflächenamt Verschönerung große Steine unter der Brücke platziert und das Buschwerk zurückgeschnitten. Die Steine sorgten dafür, dass das Wasser nicht mehr richtig abfließen konnte und damit der Bereich unter der Brücke immer feucht war, was ein Nächtigen unbequem bis unmöglich gemacht hat.[32]

Für Obdachlose bedeuten diese Maßnahmen, dass sie sich zur Alltagsbewältigung immer neu orientieren müssen, was zu hohem Stress führt. Einige haben deswegen die Coping-Strategie des „Sich-unsichtbar-Machens" entwickelt. Sie bleiben immer in Bewegung, halten sich an belebten Plätzen wie Bahnhöfen auf oder tragen Berufskleidung, um den Anschein zu erwecken gerade von der Arbeit zu kommen. Auf Grund dieser Coping-Strategien kann aber davon ausgegangen werden, dass die Dunkelziffer der obdachlosen Personen in Deutschland weitaus höher ist. Außerdem wird dadurch ein falsches Bild in der Bevölkerung erzeugt. Es herrscht ein Bild, dass Obdachlose nur Menschen sind, die rumlungern und Alkohol trinken. Dieses Bild legitimiert weiter Repressionsmaßnahmen durchzuführen.[33] Weitere Folgen von Verdrängungsmaßnahmen sind zum einen, dass die Probleme nicht gelöst werden, sondern lediglich eine Verlagerung in andere Stadtteile stattfindet. Dadurch wird die schon laufende Polarisierung nur weiter verstärkt.[34] Dies schafft ein „aus-den-Augen-aus-dem-Sinn Prinzips", welches dazu führt, dass der Bevölkerung das Problem der Obdachlosigkeit nicht mehr bewusst ist. Zum anderen reißt, durch die Vertreibung aus den Innenstädten, der Kontakt zum Hilfesystem für Obdachlose ab, da diese sich hauptsächlich in der Innenstadt befinden. Es erschwert zusätzlich die Arbeit der Sozialarbeiter/innen, da sie den mühsam aufgebauten Kontakt zum Obdachlosen verlieren und es schwierig ist ihn dann wieder zu finden. So können Hilfen nicht mehr ermöglicht werden.[35]

---

[31] vgl. Schindlauer 2015, S. 7 (Internetquelle)
[32] ebd. S. 13
[33] ebd. S. 9 f.
[34] vgl. KAGS/KAGW 2002, S. 11 (Internetquelle)
[35] ebd. S. 14

Für die Problematik der Exklusion von Obdachlosen gibt es verschiedene Möglichkeiten zur Lösung. Hier sollen zwei Beispiele vorgestellt werden. Eine Möglichkeit sind informelle Arrangements zwischen obdachlosen Personen und Geschäftsführern beziehungsweise Ordnungskräften. Es entsteht eine Win-win-Situation, indem zum Beispiel Geschäftstreibende den Obdachlosen erlauben ihren Eingangsbereich zu nutzen, unter der Bedingung, dass sie diesen vor Geschäftsbeginn sauber verlassen. Dadurch haben Obdachlose einen permanent geschützten Schlafplatz und können aufgrund des Hausrechts können sie nicht vertrieben werden. Für Geschäftstreibende bietet die Anwesenheit der obdachlosen Personen einen besseren Schutz vor Einbrüchen und die Eingangsbereiche der Geschäfte werden nicht verunreinigt.[36]

Ein weiteres Beispiel für einen anderen Umgang mit Obdachlosen ist in der Stadt Bonn das „Bonner Loch", welches ein unterirdischer Tunnel ist, der als Verbindungsstück zwischen Innenstadt und Bahnhof dient. Hier gilt die Devise Integration statt Exklusion. Der Tunnel wurde als Schandfleck und Kriminalitätsbrennpunkt angesehen. Nach einer Analyse der Kriminalität und der Personengruppen, die sich dort aufhalten, wurde eine Anlaufstelle der Polizei im Tunnel errichtet und die Kommunikation zwischen Polizei und den sozialen Diensten verbessert. Dies schafft eine objektive Sicherheitslage und verbessert das subjektive Sicherheitsgefühl[37]

4 Hilfsangebote des ASB Neubrandenburg

Der ASB in Neubrandenburg stellt ein Beispiel für Hilfsangebote bei Obdachlosigkeit dar. Die Sozialarbeiter/innen vor Ort unterstützen die Betroffenen indem sie Gespräche mit Vermietern und Angehörigen führen, Kontakte zu sozialen Diensten herstellen und eine Unterkunft vermitteln. Sie helfen bei der Sicherstellung der medizinischen Versorgung, bevorstehenden Gerichtsverfahren und der Arbeitssuche. Außerdem werden auch Schuldnerberatungen angeboten. Des Weiteren unterstützen sie beim Aufrechterhalten von sozialen Kontakten.

Der ASB bietet auch im Obdachlosenhaus in der Sponholzer Straße 18b in Neubrandenburg Übernachtungsplätze an. Diese sind für erwachsene Frauen und Männer ohne festen Wohnsitz bestimmt. Kriterien für die Aufnahme sind die Wohnungslosigkeit, keine ausreichende Unterkunft oder prekäre Wohnverhältnisse. Die Unterbringung erfolgt zeitlich unbefristet und es werden Möglichkeiten der Eigenversorgung bereitgestellt. Außerdem wird die Beratung und Vermittlung hinsichtlich anderer Hilfemöglichkeiten und Einrichtungen in Neubrandenburg angeboten. Die Übernachtungsstätte verfügt über eine Aufnahmekapazität von 12 Betten und im Wohnbereich befinden sich 34 Betten. Bei der Nutzung von beiden muss man sich an bestimmte Öff-

---

[36] vgl. Schindlauer 2015, S. 13 (Internetquelle)
[37] vgl. KAGS/KAGW 2002, S. 16 f. (Internetquelle)

nungszeiten halten.[38] Außerhalb der Zeiten sind die Hilfebedürftigen wiederum häufig an öffentlichen Orten anzufinden, da sie sonst keine Anlaufstelle haben.

5 Schluss

Zusammenfassend lässt sich sagen, dass der Öffentliche Raum sich in bedingt öffentliche Räume und öffentlich nutzbare Räume in privater Hand einteilen lässt. Öffentliche Orte sind vielfältig in ihren Funktionen und durch den vollzogenen Wandel auch in ihren Problemlagen. Der öffentliche Raum ist ein Spannungsfeld, in dem Sozialarbeiter/innen tätig werden, um Menschen wie Obdachlosen, für die der öffentliche Raum häufig als Rückzugsort dient, Hilfen zu ermöglichen.

Es gibt keine einheitliche Definition von dem Begriff der Obdachlosigkeit, nur Definitionsversuche, ebenso wie es keine exakten Angaben zur Zahl der von Obdachlosigkeit betroffenen Personen gibt. Aufgrund vielseitig bestehender unterschiedlicher prekärer *hast du das geschrieben oder ich? Ansonsten würde ich es einfach so lassen* Lebenslagen muss zwischen wohnungslosen und obdachlosen Personen unterschieden werden. Obdachlose sind immer wohnungslos, wohingegen Wohnungslose nicht zwangsläufig obdachlos sind. Allerdings können sie, da Hilfeeinrichtungen bestimmte Öffnungszeiten haben, temporär obdachlos sein. Obdachlose Personen, denen man ihre prekäre Lebenslage ansieht oder die bestimmte Kriterien erfüllen, erfahren Exklusion. Auch für den Begriff der Exklusion gibt es keine einheitliche Definition. Für Obdachlose wiegt dieser Ausschluss besonders schwer, da der öffentliche Raum für sie die Funktion einer Wohnung übernimmt. Als Gründe für Repressionsmaßnahmen gegen sie, sind zum einen die Entwicklungen in den Städten und zum anderen die Intoleranz gegenüber Störungen und Unordnung der Bevölkerung. Um diese Verdrängungsmaßnahmen zu rechtfertigen, werden für Obdachlose typische Verhaltensweisen kriminalisiert. So müssen sie Coping-Strategien entwickeln. Es gibt auch andere Möglichkeiten, wie mit Obdachlosen umgegangen werden kann. Sozialarbeiter/innen arbeiten hierbei eng mit ihnen zusammen. Ein Beispiel für Hilfen, in denen Sozialarbeiter/innen tätig sind, sind die Hilfseinrichtungen des ASB in Neubrandenburg.

---

[38] vgl. ASB RV Neubrandenburg/Mecklenburg-Strelitz e.V. 2016 (Internetquelle)

Quellenverzeichnis

ASB RV Neubrandenburg/Mecklenburg-Strelitz e.V. 2016. URL: http://www.asb-nb-mst.de/obdachlosenhaus.html [Stand: 21.05.2016]

Breuer, Bernd: Öffentlicher Raum- ein multidimensionales Thema. In: Informationen zur Raumentwicklung. 2003. Heft 1. S. 5-13.

Duden. URL: http://www.duden.de/rechtschreibung/Exklusion [Stand: 06.07.2016]

Franke, Mandy: Obdachlosigkeit in Deutschland. Integrative und inklusive Handlungsstrategien im Bereich der Obdachlosenhilfe. 2015. URL:
https://books.google.de/books?id=zFIuCwAAQBAJ&printsec=frontcover&dq=MANDY+FRANKE+obdachlosigkeit+in+deutschland&hl=de&sa=X&ved=0ahUKEwiFk8C3lOb NAhXJNxQKHfPaBHQQ6AEILDAA#v=onepage&q=MANDY%20FRANKE%20obda chlosigkeit%20in%20deutschland&f=false [Stand: 25.05.16]

Katholische Arbeitsgemeinschaft Wohnungslosenhilfe und Katholische Bundes-Arbeitsgemeinschaft Straffälligenhilfe im Deutschen Caritasverband: Öffentlicher Raum. Integrieren statt ausgrenzen – wieder die Verdrängung und Kriminalisierung von sozialen Randgruppen im öffentlichen Raum der Innenstädte. 2002.
URL: http://www.kath-gefaengnisseelsorge.de/download/Oeffentl_Raum.pdf.
[Stand: 18.05.2016]

Krisch/Stoik/Benrazougui-Hofbauer/Kellner: Öffentlicher Raum. Langfassung: In: Glossar Soziale Arbeit im öffentlichen Raum. Wien. 2011. URL:
http://www.sozialraum.de/assets/files/projekte/2011_Glossar_Soziale_Arbeit_oeffentl_R: aum.pdf [Stand: 22.05.16]

Müller, Annika: Soziale Exklusion. In: Eckardt, Franz (Hrsg.): Handbuch Stadtsoziologie. Wiesbaden. 2012. S. 423-443

Schindlauer, Sandra: Über die Wahrnehmung von und den Umgang mit obdachlosen Personen im öffentlichen Raum. Weimar. 2015.
URL: http://www.kagw.de/fileadmin/user_upload/pdf/15-11-26- Vorstu die_Sandra_Schindlauer.pdf. [Stand: 18.05.2016]